天鏡のアルデラミン

作詞・作曲：岸田　　Ⓒ 岸田

現象を無視した　理想論に意味はない
幸いな事に僕らには考える機能がどうやら必要だったらしい

英雄なんかになるようならば　ろくな死に方はしないね
君に譲ってしまいたいが　選択権は僕にはないのさ

ただ一つだけ守りたいから

そいつはちょっと科学的じゃない
夢は信用に値しない　信じられるのは現実だけだ
くだらないこの世界も　多少はマシなこともある
それで十分だね

例えば何かを　台無しにしたいなら
余計な善意だけで確実事足りるぜ
そういう非効率がこの世の常なんだろう

愛をささやいたその口で　嘘を重ねて生きるんだ
誰かのためになるのなら　それもまた一つの生き方さ

もしできるなら君のために

人生なんて美しくはない
他人の都合では生きていない　無駄な命など一つもないぜ
くだらないこの僕でも　生きる意味くらいあるはずさ
この未来の中に

分かってるんだ　ロジカルじゃない
最後は心に任せて　信じたいものは人間性だ
くだらないこの世界も　多少はマシなこともある
それで十分だね

2

―たくさんけんーがぼーくにはない のさ ― ただひとーつだけ まもーりたいーからー そいつ

1.) ―はちょっと かがく ―てきじゃない ゆめ ―はしんようにあた ―いしない―
2.) ―なん てうつく ―しくはない ひと ―のつごうではいき ―ていない―

バンドスコアピース

No.	タイトル / アーティスト	No.	タイトル / アーティスト	No.	タイトル / アーティスト
241	君ノ瞳二恋シテル c/w 17　椎名林檎	1636	君と夏フェス　SHISHAMO	1831	Road of Resistance　BABYMETAL
283	夏ベリー　whiteberry	1642	unravel　TK from 凛として時雨	1832	Crazy Dancer　夜の本気ダンス
332	天体観測　BUMP OF CHICKEN	1645	猟奇的なキスを私にして　ゲスの極み乙女。	1833	とおりゃんせ　パスピエ
378	ガラスのブルース　BUMP OF CHICKEN	1647	イジメ、ダメ、ゼッタイ　BABYMETAL	1834	帰り道　anderlust
388	ラフメイカー　BUMP OF CHICKEN	1649	ひまわりの約束　秦基博	1835	コピペ　グッドモーニングアメリカ
410	アルエ　BUMP OF CHICKEN	1654	ギミチョコ!!　BABYMETAL	1836	KARATE　BABYMETAL
439	こいのうた　GO! GO! 7188	1657	世界は恋に落ちている　CHiCO with HoneyWorks	1837	バイリンガール　go! go! vanillas
487	大切なもの　ロードオブメジャー	1659	紅月 -アカツキ-　BABYMETAL	1838	花束を君に　宇多田ヒカル
602	READY STEADY GO　ラルク・アン・シエル	1684	光るなら　Goose house	1839	THANX　WANIMA
639	リライト　ASIAN KUNG-FU GENERATION	1688	シルエット　KANA-BOON	1840	みなと　スピッツ
644	群青日和　東京事変	1707	MONSTER DANCE　KEYTALK	1841	恋色に咲って　CHiCO with HoneyWorks
673	ジターバグ　ELLEGARDEN	1718	海色　AKINO from bless4	1842	MEGA SHAKE IT !　キュウソネコカミ
675	3月9日　レミオロメン	1722	swim　04 Limited Sazabys	1843	Soup　藤原さくら
682	リルラ リルハ　木村カエラ	1740	金曜日のおはよう　HoneyWorks	1844	あわたまフィーバー　BABYMETAL
693	Missing　ELLEGARDEN	1740	私以外私じゃないの　ゲスの極み乙女。	1845	THE ONE　BABYMETAL
711	GLAMOROUS SKY　NANA starring MIKA NAKASHIMA	1742	Hello,world!　BUMP OF CHICKEN	1846	僕の名前を　back number
725	粉雪　レミオロメン	1746	シュガーソングとビターステップ　UNISON SQUARE GARDEN	1847	一度だけの恋なら　ワルキューレ
729	カルマ　BUMP OF CHICKEN	1747	ワタリドリ　[Alexandros]	1848	拝啓、いつかの君へ　感覚ピエロ
782	SHAMROCK　UVERworld	1748	なんでもないや　KANA-BOON	1849	LIVER　BLUE ENCOUNT
884	残酷な天使のテーゼ　高橋洋子	1757	オドループ　フレデリック	1850	K S K　DAIGO
896	God knows...　涼宮ハルヒ (C.V. 平野綾)	-	糸　アルバム「沿志奏逢」椎名林檎	1851	ふっかつのじゅもん　sumika
902	愛をこめて花束を　Superfly	1771	長く短い祭　椎名林檎	1852	Catch me if you can　BABYMETAL
909	曇天　DOES	1774	プライド革命　CHiCO with HoneyWorks	1853	KABANERI OF THE IRON FORTRESS　EGOIST
974	おしゃかしゃま　RADWIMPS	1778	君がくれた夏　家入レオ	1854	シンコペーション　BABYMETAL
979	Don't say "lazy"　桜高軽音部	-	新宝島　サカナクション	1855	気づけよ Baby　THE ORAL CIGARETTES
1003	君の知らない物語　supercell	-	海の声　BEGIN	1856	Valkyrie -戦乙女-　和楽器バンド
1009	チェリー　スピッツ	-	季節は次々死んでいく　amazarashi	1857	小さな恋のうた　MONGOL800
1024	メルト　supercell feat. 初音ミク	-	狂乱 Hey Kids!!　THE ORAL CIGARETTES	1858	あなたに　MONGOL800
1053	瞬間センチメンタル　SCANDAL	1797	クリスマスソング　back number	1859	TOO YOUNG TO DIE　地獄図
1054	リンダリンダ　THE BLUE HEARTS	1802	はなまるぴっぴはよいこだけ　A応P	1860	君とアニメが見たい～ Answer for Animation With You　BABYMETAL feat. 君
1060	ソラニン　ASIAN KUNG-FU GENERATION	1807	Speaking　Mrs. GREEN APPLE	1861	insane dream　Aimer
1062	完全感覚Dreamer　ONE OK ROCK	1808	StaRt　Mrs. GREEN APPLE	1862	翼　藍井エイル
1073	ありがとう　いきものがかり	1811	SUN　星野源	1863	ブラッドサーキュレーター　ASIAN KUNG-FU GENERATION
1118	君に届け　flumpool	1814	両成敗でいいじゃない　ゲスの極み乙女。	1864	前前前世 (movie ver.)　RADWIMPS
1200	オリオンをなぞる　UNISON SQUARE GARDEN	1815	365日の紙飛行機　AKB48	1865	サママ・フェスティバル！　Mrs. GREEN APPLE
1201	GOOD LUCK MY WAY　ラルク・アン・シエル	1816	時よ　星野源	1866	怒りをくれよ　GLIM SPANKY
1358	The Beginning　ONE OK ROCK	1817	TRACE　WANIMA	1867	黒い猫の歌　back number
1361	千本桜　黒うさP feat. 初音ミク	1818	1106　WANIMA	1868	ともに　WANIMA
1445	starrrrrrr feat. GEROCK　[Champagne]	1819	恋音と雨空　AAA	1869	chase　batta
1464	RPG　SEKAI NO OWARI	1821	全力バタンキュー　A応P	1870	アリア　BUMP OF CHICKEN
1487	いいものねだり　KANA-BOON	1822	夜は眠れるかい？　flumpool	1871	鬼　クリープハイプ
1508	Fight For Liberty　UVERworld	1823	STRIDER'S HIGH　OxT	1872	なんでもないや (movie ver.)　RADWIMPS
1544	恋するフォーチュンクッキー　AKB48	1824	Re:Re:　ASIAN KUNG-FU GENERATION	1873	スパークル (movie ver.)　RADWIMPS
1545	さくらのうた　KANA-BOON	1825	talking　KANA-BOON	1874	夢灯籠　RADWIMPS
1553	明日も　MUSH&Co.	1826	Crazy Crazy　星野源	1875	天鏡のアルデラミン　岸田教団&THE 明星ロケッツ
1574	ルパン三世のテーマ　ピート・マック・ジュニア	1827	KNOW KNOW KNOW　DOES	1876	Swan　[Alexandros]
1621	メギツネ　BABYMETAL	1828	FLY HIGH!!　BURNOUT SYNDROMES	1877	My Hair is Bad
1624	ray　BUMP OF CHICKEN	1829	東京サマーセッション feat. CHiCO　HoneyWorks	1878	カウンターアクション　go!go!vanillas
1628	NIPPON　椎名林檎	1830	Survivor　BLUE ENCOUNT	1879	ラストシーン　いきものがかり

● 掲載されていないタイトルもございます。お問い合わせください。

大好評発売中！
ギターコード・ホルダー

ギターコード表を掲載した便利なクリヤーホルダーです。

ギタリストはもちろん、音楽好きな方には是非持っていただきたい！
ギターコード表をデザインしたポップなカラー・ホルダーです。
コードブック同様、実際のギター演奏でも十分に役立ちます。
プレゼントにも最適です！

全6色　A4判

ホワイト
ピンク
ブルー　　メーカー希望小売価格
グリーン　　1枚（本体200円+税）
イエロー
クリア
色は弊社ホームページからご確認ください。

http://www.fairysite.com

● BAND SCORE PIECE No.1875　〈BAND SCORE〉

天鏡のアルデラミン　作詞・作曲：岸田

2016年10月11日初版発行　定価（本体750円+税）

発行人　久保 貴靖　　採譜　野口 裕支
編集人　水野 陽一郎・山本 躍　　浄書　山本 昌史
編集委員　阿部 靖広

発行所　株式会社フェアリー
〒110-0004 東京都台東区下谷1-4-5 ルーナ・ファースト 4F
TEL 03-5830-7151　FAX 03-5830-7152
ホームページ URL http://www.fairysite.com/
© 2016 by FAIRY INC.　printed in Japan

●本誌の楽譜・歌詞及び記事の無断複製は固くお断り致します。
●造本には十分注意をしておりますが、万一落丁・乱丁等の不良品がありましたらお取り替え致します。

通信販売のお知らせ

当社の出版物は全国の有名楽器店・書店でお求めになれますが、お店での入手が困難な場合は以下の手順でお申し込みいただければ直接当社からお送り致します。
1. 電話（03-5830-7151）またはFAX（03-5830-7152）でご希望の商品の在庫を確認し、ご予約下さい。ホームページURL http://www.fairysite.com からもご予約いただけます。
2. ご希望の商品タイトル・本体価格・ご住所・お名前・お電話番号を明記し、本体価格+税の合計に発送手数料（配送料を含む）380円を加えた金額を当社までご送金下さい。入金が確認出来次第、商品を発送致します。

送金方法
(1) 巣鴨信用金庫・白山支店・普通 3000196・株式会社フェアリーへのお振り込み
(2) 郵便振替・口座番号 00120-2-762692・株式会社フェアリーへのお振り込み

JASRAC 出 1612090-601